ヒラリー・クリントンの政治外交リーディング

同盟国から見た日本外交の問題点

Hillary Rodham CLINTON

大川隆法

RYUHO OKAWA

まえがき

いまのアメリカ外交の要《かなめ》、ヒラリー・クリントン国務長官の「コンテイニング・チャイナ戦略」（中国封じ込め）は、私の世界巡錫《じゅんしゃく》戦略とパラレル（併行《へいこう》）の状態で行われている感じがする。政治外交的な考え方が、そう変わらないのだろう。本書を読み返してみて、日本の既成政党や旧《ふる》びた政治家よりも、私たちのほうに期待をかけてくれているようで、うれしく思えた。

出版を急いでいる都合で、ヒラリーの切れのある英語をお見せできず、私の拙《つたな》い「同時通訳霊言」となってしまったが、大意《たいい》は外《はず》してないと思う。

内閣、外務省、防衛省、自衛隊、マスコミ、言論人必読のテキストである。
アメリカの真意をしっかりと握《つか》もう。

二〇一二年　八月二十三日

幸福《こうふく》の科学《かがく》グループ創始者兼総裁《そうししゃけんそうさい》　大川隆法《おおかわりゅうほう》

ヒラリー・クリントンの政治外交リーディング　目次

ヒラリー・クリントンの政治外交リーディング

――同盟国から見た日本外交の問題点――

二〇一二年八月十八日　ヒラリー・クリントン守護霊《しゅごれい》の霊示
幸福の科学「奥《おく》の院精舎《いんしょうじゃ》」にて

「霊言現象《れいげん》」とは、あの世の霊存在の言葉を語り下ろす現象のことをいう。これは高度な悟りを開いた者に特有のものであり、「霊媒現象《れいばい》」（トランス状態になって意識を失い、霊が一方的にしゃべる現象）とは異なる。外国人霊の霊言の場合には、霊言現象を行う者の言語中枢《ちゅうすう》から、必要な言葉を選び出し、日本語で語ることも可能である。

また、人間の魂《たましい》は原則として六人のグループからなり、あの世に残っている「魂の兄弟」の一人が守護霊《しゅごれい》を務めている。つまり、守護霊は、実は自分自身の魂の一部である。したがって、「守護霊の霊言」とは、いわば本人の潜在《せんざい》意識にアクセスしたものであり、その内容は、その人が潜在意識で考えていること（本心）と考えてよい。

なお、「霊言」は、あくまでも霊人の意見であり、幸福の科学グループとしての見解と矛盾《むじゅん》する内容を含《ふく》む場合がある点、付記しておきたい。

ヒラリー・クリントンの政治外交リーディング

——同盟国から見た日本外交の問題点——

二〇一二年八月十八日　ヒラリー・クリントン守護霊《しゅごれい》の霊示

幸福の科学「奥《おく》の院精舎《いんしょうじゃ》」にて

ヒラリー・ロダム・クリントン（一九四七～）

アメリカ合衆国の政治家、弁護士。シカゴに生まれ、名門女子大ウェルズリー大学、イェール・ロー・スクールを卒業。一九七五年、ビル・クリントンと結婚《けっこん》。一九九三年から八年間、アメリカのファーストレディーとなる。二〇〇〇年、上院議員に当選。二〇〇八年の大統領選に民主党から出馬するが、指名争いでオバマに敗れた。現在、オバマ政権で国務長官を務める。

質問者　※質問順

武田亮《たけだりょう》（幸福の科学副理事長 兼《けん》 宗務《しゅうむ》本部長）

石川雅士《いしかわまさし》（幸福の科学宗務本部 第一秘書局長代理）

［役職は収録時点のもの］

1　ヒラリー守護霊《しゅごれい》に「対日外交の本音」を訊《き》く

アメリカの外交を引っ張っているヒラリー女史

大川隆法　連日、国防絡みの外交問題について、いろいろな霊人《れいじん》から意見を聴《き》いていますが（八月八日・清水幾太郎《しみずいくたろう》、十二日・後藤田正晴《ごとうだまさはる》、十三日・李克強《りこくきょう》守護霊、十四日・石原慎太郎《いしはらしんたろう》守護霊、十六日・源義経《みなもとのよしつね》、十七日・佐久間象山《さくましょうざん》）、やはり、アメリカを代表する意見を誰《だれ》かに訊《き》かなければいけないだろうと思います。

今、国務長官として活躍《かつやく》しているのが、ヒラリー・ロダム・クリントン女史であり、一説では、「国務長官として、過去最多の外国訪問を行《おこな》っている」とのことです。

また、次の大統領選に向けては、敵側の共和党からの攪乱《かくらん》も含《ふく》まれているのだろうとは思いますが、「副大統領候補にはヒラリーを担《かつ》ぐべきだ」という意見が、なんと、民主党ではなく共和党のほうから出ているらしいのです。

もちろん、民主党内部のバイデン副大統領などからの、からかい、かき混ぜもあるのではないかとは思いますけれども、それほど、彼女が目立っていることは事実なのです。

夫のビル・クリントン氏はアメリカ大統領を二期も務めました。彼女は、そのときにファーストレディーとしてだいぶ仕事をしましたし、現職のファーストレディーが上院議員に当選したのも初めてのことでした。

さらに、その後、長官として活躍するということも稀《まれ》なことなので、通常の国務長官に比べれば、そうとう強い国務長官なのではないかと思います。

そのため、外交問題に関しては、ヒラリー女史の意見をオバマ氏が追認するようなかたちになっている可能性は高いと感じています。オバマ氏自身の考えで動いているというよりは、ヒラリー女史がかなり引っ張っているのではないかと思われるのです。

そこで、現時点で日本が直面している対中国、対韓国《かんこく》の問題、あるいは、潜《せん》在《ざい》的な北朝鮮《きたちょうせん》やロシアの問題も含めて、対日外交をどのようにしようと考えておられるのかについて、訊いてみたいと思います。

以前、クリントン政権のときには、八年間、有名なジャパンパッシング（日本素通《すどお》り）で、中国と蜜月《みつげつ》関係を築き、中国の発展と日本の停滞《ていたい》を招いたこともあります。今は考え方が少し変わっているだろうとは思いますが、本音のところを知りたいと考えています。

ちなみに、日本人には分かりにくいのですが、アメリカには国務長官と国防長官がいます。国務長官というのは、日本の外務大臣に相当し、国防長官というのは、防衛大臣に相当すると考えてよいでしょう。

したがって、外交についての責任は国務長官である彼女にあると思われます。

本来は英語で対話すべきだが、同時通訳型の日本語で行《おこな》いたい

大川隆法　本来は、英語で対話すべきでしょうし、向こうも、そのほうが好きだろうとは思います。そうとう切れる英語を早口で話す方なので、受けて立つ

ほうも、そうとうの英語の達人兼論客《けんろんきゃく》でなければ大変だろうと思います。

ただ、英語でやると、翻訳《ほんやく》して本にするのに時間がかかりますし、時事的な要素もかなりあるので、発刊が遅《おそ》くなると困ります。そういうことを〝言い訳〟にしつつ、できるだけ日本語でやりたいと考えています。

先ほど、ヒラリー女史の守護霊と交渉《こうしょう》したところ、少し渋《しぶ》ってはいたのですが、何とか日本語での霊言《れいげん》を了解《りょうかい》してもらいました。

もし、私のほうの同時通訳型の霊言では十分でない場合には、他の霊人に通訳の応援《おうえん》に入ってもらう予定になっていますが、できるだけ、私の同時通訳型でやりたいと思っています。

十分に翻訳できない部分については、変な日本語が出てきたり、英語が少し交じったりするようなことがあるかもしれません。

以前は、彼女の守護霊とは英語でしか会話ができなかったのですが、今日は、「日本語で応じてもよい」と言ってきたので、やはり、アメリカとしての責任を感じていて、「何か発言をしなければいけない」と考えているのではないかと思われます。

切れる英語ではなく、やや変な日本語になるかもしれないので、少し申し訳ないのですが、日本語で行きたいと思います。幅《はば》広く、いろいろな本音を聞き出すことができれば幸いです。

ヒラリー女史は、ある意味で、世界が注目している人です。今、日中や日韓で揉《も》めている外交問題について、アメリカのほうはやや静観しているようにも見えますが、やはり、この人がキーパーソンでしょうから、どう考えているのかを訊いてみたいところです。

ヒラリー・クリントンの守護霊《しゅごれい》を招霊《しょうれい》する

大川隆法　それでは、ヒラリー・クリントン女史の守護霊《しゅごれい》を呼んでみたいと思います。

ヒラリー・クリントン国務長官の守護霊よ。ヒラリー・クリントン国務長官の守護霊よ。たいへん恐縮《きょうしゅく》でありますが、日本の国民に、いち早く、アメリカ側の外交に関する真意を伝えるべく、日本語にて霊言《れいげん》を行いたく思いますので、どうか、よろしく協力のほどをお願い申し上げます。

拙《つたな》い語学力ではありますが、できるだけ意に添《そ》うかたちで同時通訳したいと考えています。

ヒラリー・ロダム・クリントンの守護霊よ。ヒラリー・ロダム・クリントンの守護霊よ。アメリカの国務長官の守護霊よ。どうぞ、幸福の科学にご降臨たまいて、われらに、アメリカから見た現在の日本外交のあり方、日本の政権のあり方、あるいは他国との外交のあり方等について、ご指導、ご指南を頂きたく、心の底よりお願い申し上げます。

ヒラリー・クリントンの守護霊、流れ入《い》る。

ヒラリー・クリントンの守護霊、流れ入る。

ヒラリー・クリントンの守護霊、流れ入る。

ヒラリー・クリントンの守護霊、流れ入る、流れ入る、流れ入る、流れ入る、流れ入る、流れ入る、流れ入る。

（約十五秒間の沈黙《ちんもく》）

2　日本の外交問題をどう見ているか

日米韓《かん》の同盟関係の崩壊《ほうかい》は中国を利する

ヒラリー守護霊　うん。

武田　こんにちは。

ヒラリー守護霊　（咳払《せきばら》いをする）うん。

武田　ヒラリー・ロダム・クリントン国務長官の守護霊でいらっしゃいますでしょうか。

ヒラリー守護霊　ああ、うん……、そう。

武田　私の日本語は、お分かりになりますか。

ヒラリー守護霊　ああ、分かる。

武田　本日は、日本の宗教法人幸福の科学にお越《こ》しくださいまして、まことにありがとうございます。

ヒラリー守護霊　ああ。いえ、光栄です。

武田　ただいまの日本の状況《じょうきょう》はご存じかと思いますが、日中、日韓《かん》の間で、外交問題が起こっています。

ヒラリー守護霊　ええ、ええ。

武田　今、日本は、国家の危機、国難に直面していると考えております。

ヒラリー守護霊　ああ、ああ。

武田　ヒラリー・クリントン国務長官は、アメリカの国務長官でありますので、おそらく、世界全体を見ておられるとは思うのですが、私たち日本国民のために、まずは、昨今の日中、日韓の外交問題について、ヒラリー国務長官はどのようにご覧になっているのか、このあたりからお話を伺《うかが》いたいと思います。
どうぞよろしくお願いします。

ヒラリー守護霊　うーん。まずいことはまずいですね。だから、うーん、米日韓の三国の同盟関係を壊《こわ》そうとしているような感じに見えますよね。どう見てもね。
韓国が、旧来の怨念《おんねん》から、日本との敵対関係を蒸《む》し返してきていますが、基本的には、これはたぶん、中国を利することになるでしょう。今、中国は、日米関係を引き離《はな》そうという国家戦略をとっていますので、ここに、韓国がさらに楔《くさび》を打ち込《こ》むかたちになりますよね。

武田　そうですね。

ヒラリー守護霊　これで、韓国と北朝鮮《きたちょうせん》の利害が一致《いっち》してきますね。さらにロシアが、少し前から北方領土《ほっぽうりょうど》問題で日本を刺激《しげき》していますよね。

韓国は、竹島《たけしま》の領有について、ものすごいPRをかけました。北朝鮮だって、言うだけだったら、「日本は、北朝鮮の固有の領土である」と言うぐらい、わけのないことでしょうからね。まあ、また何か刺激してくるでしょうが、これは、結果的には中国を利するかたちになるでしょうね。

中国国民から見たら、韓国でさえ、ああやって大統領自らが、自国の領土の確保とPRに努めているのに、「中国は何をしているのか」ということになりますよね。それで、「尖閣《せんかく》諸島のあんな小さな島ぐらいで、大中国が、なぜ揉《も》めるのか」ということで、デモが起きたり、政府へのプレッシャーをかけたり、軍へのプレッシャーをかけたりするわけですが、中国政府は、それを抑《おさ》えているように見せつつも、ある意味で、追い風に使ってくるでしょうね。

結局、どういうことになるかということですが、これから先の読みには難しいところがあります。日本のなかでも、反米勢力が強くなってきています。そして、中国に寄っていこうとしている人たちもいたのに、中国との間も難しくなって、日本が孤立《こりつ》していく流れが出てこようとしています。

だから、外交的な手腕《しゅわん》が足りなければ、日本はまったく孤立してしまう可能性もありますから、たいへん難しい関係になりますね。

中国の植民地化の圧力は韓国《かんこく》にもかかっている

武田　今日の新聞には、今、まさにご指摘《してき》があったように、以前、中国に駐在《ちゅうざい》していたことのあるベトナムの元外交官の意見として、「韓国《かんこく》は中国の罠《わな》にはまっている。中国は、日本と韓国を争わせて、仲を裂《さ》こうとしているのだ」などと語っている記事が載《の》っていました。

実際に、そのような動きがあると見ていらっしゃいますか。

ヒラリー守護霊　あるんじゃないでしょうかね。あなたがたは、「日本が中国に占領《せんりょう》される」とか、「植民地化される」とかいうことを心配していますけれども、韓国にだって同じ圧力がかかっているんですよ。日本を植民地化するよりり、韓国を植民地化するほうが容易だからです。

武田　そうですね。

ヒラリー守護霊　本当は北朝鮮問題と重なっていますからね。
でも、今、「中国が北朝鮮を支持し、応援《おうえん》している」ということは、隠《かく》しても隠しても隠し切れない事実になっていますから、その梃《てこ》入れの度合いによっては、北朝鮮が強力になって、韓国併合《へいごう》を目指したくなることもあるでしょうねえ。

そのときに、「中国も合同で動くぞ」と脅《おど》されたらどうなるかと言ったら、日本より先に、韓国がいち早く白旗を揚《あ》げてしまう可能性があるわけですよ。あなたがたは、「日本の官邸《かんてい》は、戦わずして白旗を揚げる」と言っているんでしょうけれども、その前に韓国が白旗を揚げる可能性があるのです。

今回の李明博《イミョンバク》大統領の、まあ、スタンドプレーとも言われている行動は、中国に恩を売っている？　あるいは媚《こび》を売っているというふうに見えなくもありませんね。

韓国は、かつて日本の植民地になって、まあ、植民地か何か知らないけど、併合されていたけれども、早くも、中国に併合されるというか、植民地？　自治区？　台湾《たいわん》みたいな関係になるのかどうか、あるいは香港《ホンコン》みたいになるのかどうか。その微妙《びみょう》なところで揺《ゆ》れているのかな?

遅《おく》ればせながら「コンテイニング・チャイナ」をやっている

石川　六月には、日本と韓国で、軍事情報を共有する協定（日韓軍事情報包括《ほうかつ》保護協定）を調印する直前まで行って、最終的に韓国がドタキャンして調印できなかったというケースがあったのですが、やはり、そういうことに対して中国や北朝鮮はかなり警戒《けいかい》していると見てよいのでしょうか。

ヒラリー守護霊　だから、「中国の工作は、日本に対してだけではない」ということね。北朝鮮だけでもなくて、韓国にもそうとうの工作がもう始まっていて、韓国を取り込むことで、韓半島を中国の支配下に置こうとしてます。

次は、沖縄《おきなわ》から米軍を追い出して、さらに、あの、南沙《なんさ》諸島？　なんか三つぐらいあるでしょう？　スプラトリー・アイランズ（Spratly Islands）？　あのへんも中国の市に指定したりして（注。二〇一二年七月、中国は、南沙諸島、西沙諸島、中沙諸島を管轄《かんかつ》する三沙《さんさ》市を設置した）、取り込みに入っています。

あと、ビルマ（ミャンマー）も、まあ、もともとは英国の植民地だったけれども、中国のサポートからアメリカのサポートに変えようとしているし、ベトナム、フィリピンも、今、共にアメリカとの関係の結び直しを考えているし、タイも、日本の企業《きぎょう》がそうとう進出しましたけれども、中国に対して、十分に警戒態勢に入りつつあると思いますね。

海を支配されたら、いずれ、あそこも同じ問題が起きてきます。タイを押《お》さえなければ、中国は対インド戦略が立たないのでね。

だから、着々と攻《せ》めてきていると思いますね。

一方、アメリカ側は、イラク、アフガニスタンと、撤退《てったい》に向けて動いてきているし、その前は、ベトナムから退《ひ》いています。「アメリカの覇権《はけん》の時代は、大きなマクロの意味では、もう終わった」というように中国は見ていて、「中国の覇権の時代につなげていきたい」と思っているのはよく分かります。

だから、こういう考えは、民主党政権ではちょっと遅《おく》れた考えになってしまったけれども、コンテイニング・チャイナ（Containing China　中国封《ふう》じ込め）を、私は今、ちょっと遅ればせながらやっているところなのね。

3　日本にはインディペンデントであってほしい

反米感情を煽《あお》る日本人は、竹島《たけしま》や尖閣《せんかく》に上陸した外国人と同じ

ヒラリー守護霊　あなたがたハッピー・サイエンスも、それをやろうとしているという情報は、もう私もつかんでいるのよね。

武田　ああ、そうですか。

ヒラリー守護霊　うん。つかんでいます。あなたがたがやっているのは知って

います。まだ、日本の政治の主要なところを押《お》さえられてはいないけれども、あなたがたがやっていることについての情報は、もう、いっぱい入ってきているのでね。

武田　情報が入っていますか。

ヒラリー守護霊　そうとう入っています。その意味では心強く思っています。あなたがたは共和党の味方なのかもしれないけれども、やっていることはアメリカの利益にも添《そ》うことであるし、日本の利益にも添うことであるので、情報はかなり入ってきています。

だから、日本政府を動かして、もうちょっと活発な外交・軍事戦略を立てないと、確かに、米国に敵対感情だけを持たれても、本当に、にっちもさっちも行かない感じになりますからね。

オスプレイの墜落《ついらく》事故等の問題も、大きく取り上げたりしていますけど、操縦士だって命は惜《お》しいんだから、そんなに、わざと事故を起こしてるわけじゃないんですよ。同盟国なら、本来、お悔《く》やみを言わなきゃいけないところでしょう。

武田　そうですね。

ヒラリー守護霊　それを、なんか、いろいろとクレームをつけて、入れさせない理由にしたりしているけれども、あれだけの航続距離《きょり》を持ったヘリコプターがなければ、岩国でも沖縄《おきなわ》でも、今、日本が守ろうとしてる、竹島《たけしま》、尖閣《せんかく》、それから、台湾《たいわん》、香港《ホンコン》、韓国《かんこく》などの、すべての地域をカバーすることはできないので、選択《せんたく》の余地はないんですよ。

地方自治体の住民感情なんかで議論をするような内容ではないので、これは、日本政府のほうで押し切ってもらわないと、われわれも困るんです。われわれも、別に事故を起こしたくて、それを配備したいと思っているわけじゃないんですから。

例えば、交通事故だって、ものすごく起きていますよね。だけど、車は便利だから、やめないでしょう？　自由のほうを優先するんでしょう？　電車なら、駅がない所には停まれませんが、車は駅がない所にだって行けますからね。

日本だったら、年間、何千人も亡《な》くなっても、車をやめないでしょう？　アメリカだって、事故はいっぱいありますよ。でも、自由を優先しているわけですよ。

だから、やはり、防衛権の自由を確保するためには、あまり小さいことを言ってはいけないんです。

「人口密集地域でヘリコプターが落ちたらどうするのだ。万一《まんいつ》の危険性があるものは、一切《いっさい》、反対」というような感じで、米軍を責めるのは結構ですが、われわれは日本を守ろうとしているのに、そういうふうに取られるということは、米国民の感情をいたく傷つけ、刺激《しげき》しますし、駐留《ちゅうりゅう》している在日軍人、米国の青年兵士たちも、プライドをとても傷つけられています。

最近も、日本のある週刊誌が、米兵の乱暴事件をスクープで抜《ぬ》いて、「日本政府が何もできない」みたいなキャンペーンをしたことも耳に入っています。

こういうものは反米感情を煽《あお》っているわけだから、こういう人たちは、竹島に上陸したり、尖閣諸島に上陸したりしている人たちと、ほとんど利害は変わらないじゃないですか。

武田　そうですね。一致《いっち》していますね。

米軍を追い出したあとは、どうするつもりなのか

ヒラリー守護霊　米軍を追い出して、そのあと、本当にどうするつもりなの？　自分たちで自主憲法もつくれないし、自衛隊は、いまだに「軍隊だ」と言えない状態でしょう？　やるのなら、自分たちで、実務的にやるべきことをさっ

さとやっていけばいいのよ。

でも、「そういう判断をしたり、責任を取ったりしたくはないけれども、人に対して嫌《いや》がることだけは言う」っていう状況《じょうきょう》でしょう?　これまずいですよ。

武田　そうですね。

ヒラリー守護霊　アメリカの国民が日本を見放して、「中国の植民地であろうが、韓国の植民地であろうが、もう好きなようになれ」と、もし言い出したら、どうするんですか。本心を言ったらね、「アメリカは、別に、それでもやっていけるから」と思っていますよ。

前回のビル・クリントンの時代には、ちょっと中国寄りの政策をとって、

「日本を軽視した」という批判をだいぶ受けたので、今回、私は日米同盟堅持《けんじ》のところを守ろうとしてやっています。

ですから、共和党政権でなくても、そんなに大きくは変わらないと思うんですけどね。

やはり、政治体制が違《ちが》うというか、基本的な信条が違う国とは、一緒《いっしょ》にやっていけないのでね。中国とは、貿易では何とか付き合うことはできても、政治体制を共にすることは難しいと思っています。

世界で起きている紛争《ふんそう》等でも、「アメリカが解決のために介入《かいにゅう》したいと思うときに、たいてい、中国が反対する」ということが、繰《く》り返し起きていますよね。その意味では、私の今の気持ちは、「日本は、もうちょっと、インディペンデントであってほしい」というか、「自主的な判断ができるようになってほしい」と思っています。

武田　まさに、おっしゃるとおりで、日本のなかで自己矛盾《むじゅん》を起こしていると思います。

ヒラリー守護霊　おかしいですよ。

武田　おかしいですよね。

ヒラリー守護霊　なんか狂《くる》ってますね。

武田　はい。

国益を考える人を「悪人」扱《あつか》いする日本のおかしさ

ヒラリー守護霊　だから、本当に悪いけど、「頭が悪い」と思われてもしかたがないのではないでしょうか。要するに、国の内部で〝自殺未遂《みすい》〟を繰り返しているんですよ。おかしいですよ。国益を考えたら、「悪人だ」というような言い方をされるんでしょう？

武田　はい。そうですね。

ヒラリー守護霊　これはおかしいですよ。どう考えてもおかしいです。アメリカだって、共和党のブッシュ二世、息子《むすこ》さんのほうのブッシュ大統領のとき、二〇〇三年にイラク戦争を行いました。ワールドトレードセンターを破壊《はかい》されたことに対する復讐《ふくしゅう》をしないと収まらないところもあったので、「イラクが大量破壊兵器や化学兵器、生物兵器等を隠《かく》し持っている」という情報に基《もと》づいて戦争をやりましたが、結果として、どこからもそういうものは出てきませんでした。

本来ならば、あれは、反省し、謝罪をしなければいけないことだけれども、われわれ民主党であっても、それについては口をつぐんだし、マスコミの大部分も、やはり口をつぐんだのです。

「アメリカが、二度と『世界の警察』として行動できなくなるようなことを支持するのは、たとえ党派が違っても、相手の足をすくうことが可能であったとしても、やはり、やってはならないことだ」と思うんですよね。

ところが、日本の国民は、日本の不利益になることや、国を売り飛ばすようなことを平気でやりますよね。

武田　これもおかしいですよね。ほかの国の人々には理解ができないことだと思います。

ヒラリー守護霊　やはり、まずは第一レベルとして、国への忠誠心がなければ、国民としてはおかしいわね。そう思う。

ほかの国に帰属しているのなら、そちらに帰化すればいいことですからね。

中国がそんなに好きなら、中国人になったらいいんですよ。まあ、人口が多すぎて入れてくれないかもしれないけれどもね。でも、実際は、中国人になりたいとは思っていないんでしょう？

やはり、日本人は、教育し直さないといけないんじゃないかな？　今、そういう何？　外圧がかかっているけれども、これをうまく使うことができれば、国民を目覚めさせることができると思いますね。

4 「中国包囲網《ほういもう》」を築くためのポイント

「中国に対する防波堤《ぼうはてい》」が失われていくことは看過できない

武田　ここで、ちょっと確認したいのですが、ヒラリー・クリントン国務長官が考えておられるアジア外交の第一のポイントは、先ほどからおっしゃっているように、「覇権《はけん》主義をとっている中国に対して包囲網《ほういもう》を築くこと」なのでしょうか。

ヒラリー守護霊　うーん。まあ、それはね、「中国はアジアの国だから、中国が近くのアジアの国に対して影響力《えいきょうりょく》を行使することは、何も悪くない」と彼らが言うことには、一定の正当性はあるとは思いますよ。

ただ、その結果、順番に周りの国を落としていって、最終的には、アメリカを太平洋地区から追い出すことが目的であることは分かっていますからね。

それが分かっていてねえ、その防波堤《ぼうはてい》を一つひとつ潰《つぶ》していくバカはいないわね。それをやっちゃ駄目《だめ》だわね。

そして、最後は、アメリカ対中国の直接対決のかたちになるんでしょうからね。だから、オセロゲームみたいに、どんどん裏返っていくのを看過することはできないわね。

アメリカがイラクとアフガニスタンから退《ひ》いたあたりのところで、オバマ政権の外交、ディプロマシー・ポリシー（diplomacy policy 外交政策）が弱腰《よわごし》と見られて、ちょうどそれと入れ替《か》わるように、中国のほうが覇権拡張主義をとってき始めたのでね。

まあ、内政上の問題も、多少あることはあるけれども、ほかの国をガンガン取っていくと、七十年前の日本と一緒《いっしょ》で、国民が喜ぶのよ。ほかのところを取っていったら喜ぶのよ。日本から島を取ろうが、フィリピンから取ろうが、どこから取ろうが、国民が喜ぶのよ。

それによって内政の不満を解消できるし、将来的には、彼らには、「エネルギー資源をはじめ、水資源や鉱物資源、食料資源等を確保しなければいけない」という命題がありますからね。

だから、日本が、中国を生産工場として使って繁栄《はんえい》を維持《いじ》したように、次は、中国が、「アジア諸国の未発達の国々を中国の生産工場、下請《したう》け工場にして、中国にアメリカのような繁栄をつくりたい」と願っているのだろうと思うのよね。

武田　そうですね。

ヒラリー守護霊　だから、「中国の意向ですべてが動くようにしたい」と考えていて、やはり、太平洋からインド洋までを支配したいんだと思う。

アジアには、日本以上に強力な「橋頭堡《きょうとうほ》」はない

武田　クリントン国務長官は、その包囲網を築く上で、何が大事なポイントだ

と考えておられるのでしょうか。

ヒラリー守護霊　うーん。以前は、ポイントは台湾《たいわん》だけだったんですけどね。要するに、台湾だけを守れば、中国はだいたい抑《おさ》えられたんです。喉元《のどもと》だからね。「台湾さえ防衛していれば、中国の海洋戦略は抑えられる」と思っていたけれども、中国は、今、台湾以外のほかの国も、全部、狙《ねら》っているので、これは大変なことですよね。

だから、（アメリカは）空母も二隻《せき》体制にして、今、警備に入ってはいますけどね。

中国は、長距離《きょり》ミサイルを持っているし、今では宇宙にかなり進出して、宇宙ステーションや人工衛星等の軍事利用をそうとうやり始めているし、ステルス技術まで開発してきていますのでね。
これは、まもなく米軍を脅《おびや》かす存在になって、「ある日突然《とつぜん》に攻撃《こうげき》をかけてくる」ということはありえますね。
去年でしたかね。コンピュータのウイルス攻撃？

武田　サイバー攻撃ですか。

ヒラリー守護霊　日本やアメリカまで攪乱《かくらん》されたことがありましたね。「農村国家」だと思われていた中国が、アメリカや日本のような先進国に対して、コンピュータによるウイルス攻撃をして攪乱できるようになりましたしね。

また、アジア太平洋地域を守っている米軍の第七艦隊《かんたい》は、情報艦であるイージス艦が司令塔《しれいとう》になって動かしていますけれども、たぶん、宇宙から攪乱電波を出して、アメリカの人工衛星からの電波を攪乱してしまえば、イージス艦による指揮命令系統が壊《こわ》れてしまうでしょう。

本来、情報戦による攻撃は、アメリカがいちばん得意だったんです。イラク戦争においては、イラクの情報網をまず寸断し、連絡《れんらく》が取れないようにしてから攻撃に入りましたが、それと同じことを、中国がアメリカや日本に対してやろうと考えていることは明らかです。

貿易黒字で外貨が貯《た》まり、力を持ってきたことを背景にして、それを考えているのは明らかなので、私たちとしては、友好国としての日本を、やはり手放したくはないのです。日本を失ったら、アジアでの足場はなくなると思うし、日本以上に強力な、アジアでの、何て言うのかなあ、こう……。アイム・ソーリー（I'm sorry.）、日本語は難しい。

石川　砦《とりで》ですか。

ヒラリー守護霊　うーん、フォートレス（fortress 要塞《ようさい》）……、何て言うのかなあ、ああ、橋頭堡《きょうとうほ》？　日本以上の橋頭堡は手に入らないと思っています。ほかの国をベースにしても、残念ながら、日本ほどの力にはならないでしょう。例えば、台湾を米国が死守しても、やはり、日本を守る以上の防衛力にはならないと思いますね。

今、中国に逆転されたといっても、日本は世界三位ですから、「世界の一位と三位の国が同盟している」ということは、やはり強いですし、技術面では、かなりの部分で日本が中国よりも進んでいます。遅《おく》れているのは、唯一《ゆいいつ》、軍事関連のところだと思われます。

中国としては、今、韓国《かんこく》がハイテク技術で日本に追いつき追い越《こ》そうとしているので、本当は韓国をM&A（合併《がっぺい》、買収）したいぐらいの気分なのね。「韓国をM&Aして、日本を追い落としたい」っていうのが本心かな？　そう思いますね。

武田　なるほど。

ヒラリー守護霊　だから、李明博《イミョンバク》は売国奴《ばいこくど》ね。

武田　売国奴なんですね。

ヒラリー守護霊　うん。

5 アメリカから見た「同盟国・日本」の課題とは

「日本の誰《だれ》と交渉《こうしょう》すればよいのか」が分からない

武田　では、クリントン国務長官は、日本に対して、まず、どのようなことを求められますでしょうか。

ヒラリー守護霊　やはり、政局の安定が、ちょっと問題なのでね。小さな政党がいっぱい出てくるけど、われわれから見ると、極《きわ》めて分かりにくくて、「各政党が、どんな政治選択《せんたく》をしていくか」が読めないし、一年で国民の気が変わったり、マスコミの気が変わったりしますからね。

武田　ええ。首相も短期間で変わります。

ヒラリー守護霊　だから、「長期的な国家戦略について、誰《だれ》と契約《けいやく》すれば安心なのか」が分からないし、今の野田首相とだって契約を結べません。

武田　そうですよねえ。

ヒラリー守護霊　同じ政党でも、鳩山《はとやま》、菅《かん》、野田で全然違《ちが》うから。分からないですものね。

武田　そうですね。違いますね。

ヒラリー守護霊　約束したって、鳩山さんの言う、「アイ・プロミス（I promise.）」の「プロミス」って、日本語では違う意味があるのですか（注。鳩山氏のブログでは、「Please trust me.」と発言したと書かれているが、ヒラリーは、「I promise.」と理解している）。

武田　（苦笑）彼は、英語がよく分かっていないのかもしれません。

ヒラリー守護霊　でしょうね。英語の「プロミス」っていう言葉には、もうちょっと重い意味があるんですよ。「一国の首相がプロミスした」っていうことは、「それを絶対にやる」ということですからね。もし、やらなければ国際公約違反《いはん》です。沖縄《おきなわ》の米軍基地問題についてプロミスして、そのあとで大騒動《おおそうどう》が延々といっぱい起きて、首相が三代目になってもまだ解決していないので、これでは誰を相手に交渉《こうしょう》したらいいのか分からない。

責任逃《のが》れに使われている「空気支配」という日本的システム

ヒラリー守護霊　さらには、小党がいっぱい出てくるしね。今度は、政党になっていないところが多数派を取ろうとしているし、大阪《おおさか》の橋下《はしもと》という人も、国政に出るとかいうことだけど、大阪市長をしている人が、なぜ総理大臣になれるのか、私にはさっぱり分からない。

武田　（笑）そうですか。

ヒラリー守護霊　日本のシステムは、いったいどうなってるの？　これは、ありえないですよ。「アメリカのアーカンソー州のある市長が、米国大統領になれるか」っていうのと同じような話だけど……。

武田　そういう話ですよね。

ヒラリー守護霊　私たちは、もう頭がクラクラ来るのよ。日本人は、いったいどんなふうになってるのか、教えてほしいぐらいだわ。

武田　日本の場合、「空気が支配している」と言いますか、人気が出れば……。

ヒラリー守護霊　そんなの、もう勘弁《かんべん》してよ。そういう日本的表現は理解を拒《きょ》絶《ぜつ》してるわね。

「空気が支配している」って、どういうことよ。ほんとに困るわ。日本語は主語がないのでね。空気は、「支配しているもの」ではなくて、「地球を覆《おお》っているもの」ですからね（笑）（会場笑）。それは、本当は責任逃《のが》れよね。

今の政権は、国際紛争《ふんそう》が起きても、すぐにほかのもののせいにしていきますよね。すぐに役所のせいにしたりして、「私はこう思う」とか、「自分はこうしたい」とかは言わないものね。

日本の「癒着《ゆちゃく》型無能政治」は、アメリカ人には理解できない

石川　福島の原発事故のときも、アメリカは日本の政権が信用できず、独自に情報を取っていたと思うのですが。

ヒラリー守護霊　そうねえ。それもあるし、「トモダチ作戦」だって、アメリカのメディアを使って、それをやってることを日本に紹介《しょうかい》しなきゃいけないような状態でしたからね。日本のメディアは、米軍の空母が来て協力していることを、なかなか伝えようとしなかったので。

また、薬とか、いろんなものも、「日本の基準に合わないから受け入れられない」とか言うし、大震災《だいしんさい》で人を救わなきゃいけないときでも、「外国から持ち込《こ》むものは、全部、成田の税関を通らなきゃいけない」と思ってるらしくて。

武田　（苦笑）そうですね。

ヒラリー守護霊　アメリカ人が死なないで生き返るような薬なら、日本人に使ったって、だいたいそうなるのよ。

武田　そうですよね。

ヒラリー守護霊　「牛乳を飲んだら角《つの》が生える」と言っていた時代と同じようなことを、いまだに言うんじゃないわよ（会場笑）。だからねえ、そんな感じで、もうあきれ果てました。「緊急《きんきゅう》事態なんだから、そんなことを言ってる場合じゃないでしょうが」っていうことですね。

この日本の、何ていうか、「政府と、役所と、特権を持ったマスコミとの癒《ゆ》着《ちゃく》型無能政治」は、アメリカ人には、とても理解できません。アメリカ人から見れば、日本のマスコミには、報道機関に見えないところがあるので、これは、どうにかならないかしらねえ。

武田　そうですね。まず、それが問題ですね。

6　日本には自主防衛をする気があるのか

日本に自国を守る気がなければ、米軍も助けようがない

武田　そのほかに、何か具体的に、ぜひ解決したいことや、進めてほしいことなどはございますでしょうか。

ヒラリー守護霊　自衛隊のところ一つを取っても、集団的自衛権があるんだか、ないんだか、発動するんだか、しないんだか分からないので、実際に、北朝鮮《きたちょうせん》が韓国《かんこく》を攻《せ》めたらどうするんでしょうか。中国が動いたときには、自衛隊を動

かすのか、動かさないのか。いったい誰がその意思決定をするのか。分からないんですよ。

武田　はい。そうですね。

ヒラリー守護霊　中国が台湾《たいわん》に攻勢《こうせい》をかけたとき、自衛隊はどうするのか。また、「香港《ホンコン》について は、五十年間、従来の状態を維持《いじ》する」と言っていたのに、香港に対して強圧的な強権政治、専制政治で押《お》さえ込んできたときは、どうするのか。

あるいは、北朝鮮と韓国が戦争を始めたときに、日本はどうするのか。韓国に駐在《ちゅうざい》しているアメリカ軍とその家族が避難《ひなん》するときに、日本はそれを助けてくれるのか、くれないのか。

本当は、日本がいちばん近くにいるので、米国人の輸送を助けてくれるのがいちばんいいんだけど、これも、どうなるのやら、国会で延々と議論をしないと分からないんですよ。決められるのか、決められないのかも分かりません。

武田　今のアジアの危機的状況《じょうきょう》を見ると、当然、今おっしゃったようなことを想定して、対応を詰《つ》めていかなければならないと思います。

ヒラリー守護霊　そう、そう。

武田　実際に、日米の実務レベルでは、そういう話はなされているのでしょうか。

ヒラリー守護霊　それはやっているけれども、日本が、それを実現できるかどうかが分からないのよ（笑）。国会にかけたらどうなるか、マスコミがどう言うかが分からないから、結局、分からない。

武田　そうですね。

ヒラリー守護霊　首相だって分からないし、「来年の首相が誰《だれ》なのか」も分からない。

まあ、そういうことなので、もう、何を信じたらいいのか分からないんですよ。もう少しロジカルに物事を考える人がいないと困りますね。

石川　もし、中国軍が尖閣《せんかく》諸島に上陸して乗っ取ったとしても、自衛隊がどのように動くかが分からないと、米軍としても助けようがないですよね。

ヒラリー守護霊　だから、少なくとも、日本に自分の国を守る気がないとね。それがないのに、アメリカがしゃしゃり出て、それを奪還《だっかん》するなんていうのはおかしいでしょう？　日本に自衛隊がないのなら別ですけど。

武田　はい。

ヒラリー守護霊　日本にその気がなくて、「誰も住んでいない島ぐらい、中国にあげてしまったほうが、今後の取り引き上、よい」と日本が決めるのなら、もう、どうしようもないですからねえ。

武田　そうですね。

日本の主権が「メルトダウン」してきている

武田　今回、韓国《かんこく》の李明博《イミョンバク》大統領が竹島《たけしま》に上陸したり、中国（香港《ホンコン》）の活動家が民間船で来て尖閣諸島に上陸したりしましたが、この件に対する日本の対応をどのように思われますか。

ヒラリー守護霊　うーん。日本政府は、消費税増税の法案を通そうとしていて、それで頭がいっぱいだったので、その隙《すき》を突《つ》かれたのだろうと思います。でも、それは日本自身の選択《せんたく》だから、何とも言えませんけれどもね。

政府は、自国を他国に取られようとしているときに、国民から税金を集めるための法案を通していて、「それを何に使うのか」といったら、「年を取った人たちに撒《ま》く」と言っている。もう、私には、何だかよく分からないんですよね。

石川　日本の国民やマスコミが訊《き》きたいこととして、よく話題になっているものに、「尖閣諸島に日米安保が適用されるのか」という問題があります。これについても、アメリカとしては、やはり、日本の出方次第《しだい》ということになるのでしょうか。

ヒラリー守護霊　尖閣諸島については、いちおう、「本来は（日米安保が）適用されてもいいかな」と思うけれども、北方領土《ほっぽうりょうど》と竹島については、ロシアと韓国がそれぞれ実効支配していて、その状態が何十年も、少なくとも、六十年ぐらいは続いているのでねえ。

「実効支配が続いている」ということは、「実質上、取られている」ということなので、それを取り返すためにアメリカが乗り出していくというのであれば、それは「戦争を覚悟《かくご》しなければいけない」ということになるのでね。

日本には自分たちで取り返す気がないのに、アメリカだけが軍隊を出して取り返すっていうのは、ちょっと……。アメリカに利益が何もないことをやったら、アメリカの国内政治がもたないのでね。

尖閣については、今、かろうじて、日本は自分たちで守ろうとしているし、まだ日本が実効支配をしている所であるので、「日米安保の適用の範囲内《はんい》だ」と私は思っています。これは、「日本自身が尖閣を守ろうとしているから、それに協力するのは可能だ」ということですけどね。

まあ、ここもあっさり明け渡《わた》すようでしたら、ほかの所を取り戻《もど》すのは、もう無理だし、自分の国を守れないようなら、台湾《たいわん》に対してだろうが、他の東南アジアの国に対してだろうが、日本の自衛隊に何の力もあろうはずがありませんわね。

武田　はい。そうですね。

ヒラリー守護霊　だから、宝の持ち腐《ぐさ》れでしょうね。

実際は、今、日本の対応をいろいろと調べられているのだろうと思うんですよ。「どういうふうに影響《えいきょう》が出るのか」ということを、中国は、今、シミュレーションしていると思うんですよね。「経済的にはどうするか。軍事的にはどう動くか」ということを、今、いろいろと実験して、日本は試《ため》されている状態なので、向こうのほうが上手《うわて》ですよね。

武田　なるほど。向こうのほうが上手ですね。

ヒラリー守護霊　ええ。要するに、試されているわけです。「この政権は、どの程度までやるのか」ということを見ていると思うのよね。

まあ、そうねえ、経済のレベルだけで考えれば、紛争《ふんそう》が起きることはあまりいいことではないから、経済的な悪影響と軍事的なものとのバランスを考えるんでしょうけどね。

でも、基本的には、「主権を守る」っていうことに対する哲学《てつがく》がないといけないんだけど、日本には、その意識があまりない。ないというか、地方分権を言っているので、今、主権が〝メルトダウン〟（炉心溶融《ろしんようゆう》）してきているんじゃないでしょうかねえ。なんか、そんな感じがしますね。

7　中国の拡張主義に、どう対応していくか

すでに国家戦略として固まっている「中国の拡張主義」

武田　中国共産党では、九月末《まつ》ぐらいの全国代表大会で新しい総書記が選出されることにより、次期国家主席もほぼ決まると思われます。おそらく、習近平《しゅうきんぺい》氏になるのでしょうが、クリントン国務長官は、「習近平体制になったときに、中国は変わる」と思われますでしょうか。今後の見通しを教えてください。

ヒラリー守護霊　変わると思いますね。次の後継《こうけい》体制が固まってから、すでに、

その考え方で動き始めていると思われます。だから、去年あたりから、もう影《えい》響《きょう》は出始めていて、拡張主義に関しては、はっきりとした国家戦略として固まっていると思いますね。

あとは、内部の説得です。多少の経済的なリセッション（景気後退）やデモ、あるいは、「アフリカのジャスミン革命のようなものが飛び火しないかどうか」という内政問題等を、うまく押《お》さえ込《こ》みながらやれるかどうかですね。

ただ、そういう人たちも、「大中国主義」には乗ってくるのではないかという気がするし、自治区の独立問題等もあるけれども、中国が、さらにほかの国を取っていこうとする姿勢を見せたら、黙《だま》ってくるだろうと思います。「独立は、もはや無理かなあ」という感じが出るんじゃないでしょうかねえ。

だから、ダライ・ラマが、いくら頑張《がんば》って、世界各地を講演して回っても、国を取り戻《もど》すのは、アウンサンスーチー氏がビルマ（ミャンマー）の民主化に成功するよりも、はるかに難しいでしょう。

中国に国を取られて、すでにチベット自治区となったものを取り返すっていうことは、いくら海外を放浪《ほうろう》し、ノーベル平和賞を取って、訴《うった》えたところで無理なんです。取られた国は、もう中国化していて、いろいろなインフラや軍事施設《しせつ》をつくられているので、これを取り返すといっても、「国を持たないダライ・ラマのために、誰《だれ》がわざわざ軍隊を送ってまで中国と戦うか」ということですよね。

「それは、イラクやアフガンよりも、よほど難しいだろう」ということは、分かるはずです。だから、かわいそうだけど、正義が通じないことはあるから、やはり事前に予防し、抑止《よくし》することが大事ですね。

武田　抑止ですね。

国防においては、希望的観測を排《はい》し、最悪の事態に備えよ

ヒラリー守護霊　すでに起きてしまったものについては、だんだん既成《きせい》事実化してきます。韓国《かんこく》が実効支配している竹島《たけしま》は、小さな島だから、それほど大きな問題にはならないかもしれないけれども、例えば、北方《ほっぽう》四島を取り返そうとするならば、国のトップ同士が外交的に話し合って、合意が取れないかぎり無理でしょう。実力で取り返そうとしたら戦争になって、「日露《にちろ》戦争を、もう一回やるのか」という問題になりますからね。

武田　そうですね。

ヒラリー守護霊　一万発もの核兵器《かく》を持っている国と戦争をするのは、今の時点では厳しいでしょうね。

また、「アメリカを全面的に巻き込めるか」と言えば、これも厳しいと思いますね。

韓国に関しては、北朝鮮《きたちょうせん》の核武装を陰《かげ》で支えている可能性もないわけではないんですよ。北朝鮮の核武装が完成したあとに南北が合併《がっぺい》したら、韓国が核を持てることになるわけですからね。

武田　そうですね。そうなりますね。

ヒラリー守護霊　そうなると、日本は、突如《とつじょ》、完全な負け犬状態に陥《おちい》りますね。南北が統一されたら、釜山《プサン》まで核兵器がやってきて、日本の港や都市がみな狙《ねら》われて、もうお手上げになります。竹島どころの問題ではなくなって、「島なんかどうでもいい」ということになるでしょうね。まあ、向こうは、そんなことを考えているでしょうね。

そうは言っても、今は、左翼《さよく》マスコミが強いので、なかなか難しいでしょうが、国防に関しては、やはり国益を重視して、防衛について、一本、しっかりと柱を立てないと、もっとひどいことが起きますよ。国防面に関しては、残念ながら、「希望的観測」は駄目《だめ》です。やはり、最悪の事態に備えておかなければばいけないと思います。

経済的に弱っていると「強いアメリカ」は出てこない

武田　クリントン国務長官は、「中国を民主化へと導く戦略」のようなものを、何かお持ちでしょうか。

ヒラリー守護霊　うーん。まあ、あちこちで人権運動家が活動しているので、それを、いろんなかたちで支援《しえん》するようなことをやってはいるんですけどもね。国の名前がはっきり出ないかたちで、人権運動家をいろいろと支援、サポートはしております。

韓国の大統領が、「日本も、ずいぶん凋落《ちょうらく》したな」と言っているようだけれども……。

武田　そのようですね。

ヒラリー守護霊　もうすぐ、中国から、「アメリカも、ずいぶん落ちぶれたものだ」と言われる感じになりそうですね。

うーん。やっぱり、「経済的に弱っている」っていうのはつらいですね。もうちょっと経済的に強くないとね。

やはり、民主党には、経済政策に戦略的な弱点があったかなと思います。これが、次の大統領選の勝敗を決するのかもしれません。

ロムニーを大統領にしたいと思っている人は、本当はあまりいないと思うんですけど、ただ、「金儲《もう》けがうまいかもしれない」という期待が集まっているのでね。これは意外に世論《せろん》になりやすいんですよね。やっぱり、金儲けができないと、「強いアメリカ」は出てこないのでねえ。「撤退《てったい》、撤退」では、ちょっとたまらないですよねえ。

まあ、先の大恐慌《だいきょうこう》も、アメリカ発ですからね。

武田　はい。そうですね。

ヒラリー守護霊　民主党政権で大恐慌をまた起こしたらいけないし、ヨーロッパも、今、非常に危険な状況《じょうきょう》にあります。アメリカの経済が強ければ、助けられるけど、今、弱っているのでねえ。

まあ、中国あたりに触手《しょくしゅ》を伸《の》ばされてきているぐらいですからね。

武田　そうですね。

ヒラリー守護霊　「アメリカが本当に衰退《すいたい》して、国家間のバランス・オブ・パワーが壊《こわ》れて、ヘゲモニー（覇権《はけん》）が移動するかどうか」ということがかかっているので、ここまで行くと、もう神の領域まで入ってしまうかもしれません。

私は、「アメリカに国運がもう少しあればいいな」とは思うんですけどねえ。

8　中東問題について、どう考えているか

ロシア・中国が組むとアメリカはシリア問題に介入《かいにゅう》できない

石川　今、「アメリカの国力が、少しずつ弱ってきている」という話がありましたが、そうなると、やはり政治的パートナーが必要だと思います。

これまでに、ロシアと中国が、アメリカの意向とは逆のことをする場合が多くありました。例えば、シリアにおいては、国民の大量虐殺《ぎゃくさつ》を続けるアサド政権からヒジャブ首相が離反《りはん》し、ヨルダンに亡命したりしている状況《じょうきょう》ですが……。

ヒラリー守護霊　ああ、そうそう。

石川　ただ、国連安保理で制裁決議をしようにも、中国・ロシアが反対して動けないため、国連の外で解決しようとする動きもあると聞いています。

ヒラリー守護霊　そうそう。国連事務総長（アナン前事務総長）が調停に行っても、説得できないでしょう？

石川　そうですね。

ヒラリー守護霊　アメリカは、本来なら絶対に介入《かいにゅう》するところだけれども、中国とロシアが組むと動けない。国連が機能していないのに、アメリカ単独でシリアに介入したら、〝イラク問題のパート2《ツー》〟になるからね（国連安保理の承認を経《へ》ずにイギリス軍とともにイラクを空爆《くうばく》した、一九九八年「砂漠《さばく》の狐《きつね》作戦」や二〇〇三年「イラク戦争」等）。

もう、何千、何万の人が、シリアの政府軍によって殺されている状況であるにもかかわらず、（アメリカが）何もしないということは、国際正義には反すると思うのですが、「正反対の考えを持つ強国がついている」ということは、やっぱり難しいですねえ。（シリアも）自分らの仲間を増やそうとしてるんだろうからね。だから、これは「代理戦争」だよね。そういう所で代理戦争が起きているわけです。

これは、おそらく、シリアだけでなく、次にはイランまで関係してくるからね。アメリカが、シリアに介入して、アサド政権を潰《つぶ》しに入るなら、「きっとわが国にも入る」と見て、イランも警戒《けいかい》してくるでしょう。

だけど、イランのほうも、地下水脈で北朝鮮《きたちょうせん》・中国とつながっていることは明らかなので、あちらから兵站《へいたん》・武器が供給されると泥沼《どろぬま》化し、アメリカをさらに弱らせようとすると考えられます。

だから、イスラム圏《けん》でのアメリカの撤退《てったい》が続いていくと、極《きわ》めて具合が悪い感じになりますね。

これに対しては、何か新しい方式を打ち出さなければいけません。

イランが原油をストップしても混乱は少ないだろう

石川　今、お話に出たイラン対策とも関連しますが、オバマ大統領は、「原油の戦略的な備蓄《びちく》を放出して原油価格を下げることによって、イランにもう一段の経済的打撃《だげき》を与《あた》えるとともに、国内の景気もよくしたい」と考えているようです。また、そのようなことができる背景には、「アメリカにおいて、シェールガス（堆積岩《たいせきがん》層から採取される天然ガス）などの新しいエネルギー源が出てきている」ということもあると思います。

こうしたエネルギー外交、また、エネルギーにかかわる経済的な問題については、どのようにお考えでしょうか。

ヒラリー守護霊　イランは、原油を戦略物資として扱《あつか》い、それで他国を揺《ゆ》さぶりたいと思っているのだろうけども、残念ながら、イランが原油の供給を完全にストップしたところで、今は、ほかの国が増産をかければ、いちおう供給できる体制にはなっているのでね。一時的に、ほんの少し混乱を起こすことぐらいしかできないでしょう。

イラン一国しか原油が出ないならともかく、ほかの所で増産することもできるので、最終的に、自国の原油を止めることのみによって戦略的勝利を得られることは、まずありません。しかも、イランの収入が減ることになるだろうから、国民が窮乏《きゅうぼう》する方向に行くはずですね。現時点では、やっぱり、それで問題は解決しない。

では、イランが本当にアカバ湾封鎖《わんふうさ》まで踏《ふ》み切れるかというと、それだけの力はないと思いますね。

まあ、そこまでやるんだったら、多国籍《せき》軍が形成されて、アメリカだけでなく、イギリスだって出てくると思うね。それに、弱ってきてはいるけれども、NATO軍も協力することになれば、封鎖などできないと思う。

武田　そうですね。

ヒラリー守護霊　うん。国際的非難のほうが大きいからね。

あるいは、北朝鮮やイランなどが一緒《いっしょ》になって、「核《かく》兵器所有」を訴《うった》えるようなこともあるかもしれませんが、問題の先送りにしかすぎないでしょうね。

「パンドラの箱」を開《あ》けたようになってきますね。いやあ、アメリカも頭が痛いんですけどね。「国力の衰退《すいたい》」というのは、どういう法則によって起きるのかが分からないので。

イスラエルとイランの問題も頭が痛い

石川　また、イスラエルの問題もあります。

ヒラリー守護霊　そう。

石川　この前、共和党大統領候補のロムニー氏が、イスラエルのネタニヤフ首相と会談し、イスラエルがイラン攻撃《こうげき》を行う決断を「尊重する」と発言したようです。おそらく、「強い大統領」をアピールしたかったのだと思われます。逆に、オバマ氏は、それを止《と》めているように見られています。

このイスラエルとイランの問題については、どのようにお考えでしょうか。

ヒラリー守護霊　ああ、これも頭が痛いですよねえ。いつも勝手に起きることが多いのでね（笑）。

「イスラエルが空爆したらどうするか」と言えば、まあ、アメリカとしては支持せざるをえないかとは思うんですけども、アラブ全体で反アメリカ感情が高まることは確実ですよね。

だけど、正確に言って、「イスラエルは正義かどうか」と訊《き》かれると、微妙《びみょう》なところはあるわね。

アラブから見れば、中東の安全にとって、イスラエルが脅威《きょうい》であることは間《ま》違《ちが》いないし、「おそらく核兵器も持っているだろう」ということぐらいは分かっています。

それなのに、アメリカが、「アラブや北朝鮮のような国は核兵器を持ってはならないが、イスラエルは持っても構わない」と言ったら、やはり差別があるように見えて、「それはダブルスタンダードだ」って、どうしても言われるわね。

アメリカは、難しい火種をいっぱい抱《かか》えていて、力が足りなくなってきているので、せめて、ヨーロッパのほうの強国が助けてくれるなりすればよいのですがね。

そういう意味では、日本の凋落《ちょうらく》も困ることは確かです。

9　中国のスパイ工作と米軍基地問題

クリントン政権の「中国肥大化」は戦略的に問題があった

石川　今、主に、「アジア」と「中東」という二つの火種があるわけですが、アメリカの民主党政権が続く限りは、基本的に「アジア重視」と考えてよろしいのでしょうか。

ヒラリー守護霊　いやあ、オバマさんはねえ、けっこうケチなのよ。だから、「お金をできるだけ少なく使いたい」と思ってるので（会場笑）、とりあえずアジアのほうで、経費を抑《おさ》えようとしているのは間違《まちが》いありません。

武田　そうですね。中東問題も、かなりピンポイント攻撃《こうげき》で対処しているように思います。

ヒラリー守護霊　ええ、（アジアから）どんどん退《ひ》いていってるけど、やっぱり、「経費削減《さくげん》しながら戦う」って、けっこう大変ですね。兵を退きながら戦うのはけっこう大変なのです。

だから、防衛に関しては、おそらく、日本にも何らかの外交的な圧力をかけてくると思います。まあ、どうするかを見ていますが、日本があまりグニャグニャしすぎているようでしたら、何か多少の圧力をかけたいところですね。

ただ、なぜか日本のマスコミの左翼《さよく》化が強くなってきて、米軍にいちいち反《はん》抗《こう》するようなことを言い始めたので、ちょっと困ってはいるんですよね。

石川　アメリカにも、中国のロビイスト（政府の政策に影響《えいきょう》を及《およ》ぼすために、私的に政治活動をする人物）、あるいは、スパイのような者が入っているかもしれませんが、やはり、「そういう者が韓国《かんこく》や日本などにも入って、こうした『反愛国的な動き』を煽《あお》っている」と考えてよろしいのでしょうか。

ヒラリー守護霊　まあ、それは入っているわね。

今、中国から、アメリカへの留学がすごく増えているけど、「純粋《じゅんすい》にアメリカに学びたい」と思っているだけではないようね。

そういったロビイストやビジネスパートナーをいっぱいつくり、それから、アメリカ人やアメリカ企業《きぎょう》を中国に呼び込《こ》んで緊密《きんみつ》な関係を築き、クモの糸、クモの巣みたいなもので締《し》め上げようとしているのは見えるね。

この意味では、「クリントン政権時代に、中国をあれだけ肥大化させた」というのは、戦略的に見れば問題があったかと思えるね。

石川　では、その反省に立ち、〝中国封《ふう》じ込《こ》め〟といいますか……。

ヒラリー守護霊　うーん。ちょっと遅《おそ》かったかな。遅かったかもしれない。「中国封じ込め」どころか、韓国が日本を支配しようとし始めている時代なので、ちょっと遅かったかな。「日本を弱らせすぎた」という感じがする。

「スパッと解決できる人」がいれば、米軍基地問題は一秒で終わる

武田　それでは、「今後、アメリカをどのようにしていくのか」についてお訊《き》きしたいのですが、まずは日本に関しては、今の米軍基地問題を解決するところと……。

ヒラリー守護霊　いや、スパッと解決してくれる人が出てくれれば、それはもう、一秒で終わってしまう。

武田　ええ。「オスプレイ問題」も含《ふく》めてですね。

ヒラリー守護霊　一秒で終わりますよ。

武田　そうですね。

ヒラリー守護霊　ええ、一秒で終わると思います。

武田　ここが片付けば、かなり前進するでしょうか。

ヒラリー守護霊　うーん、でも、日本の民意として、「米軍は出ていけ」っていう民意を立てられたら、もう守るのは無理。とっても難しいですよね。

武田　では、それと同時に固めていかなければいけないのは、やはり、周辺国との関係でしょうか。

ヒラリー守護霊　反対に、日本は、周辺国を責めることには弱いでしょう？　今回、日本に領土問題が出てきたので、やっと、マスコミにも、反中国・反韓国的な意見が少し出てきていますが、普段《ふだん》は、アメリカを責めても、そちらのほうは言わないでいることが多いですよねえ。

だから、「日本の民主党とアメリカの民主党は、これほどまでに違う」ということが分かるのに、ちょっと時間がかかりましたね。

10　アメリカ大統領選の見通し

弁護士出身で経済には弱いオバマ大統領とヒラリー長官

石川　今、世界経済を見ると、ＥＵが、かなりガタガタになってきています。先ほど、「オバマさんはケチである」という話もありましたが、アメリカは、ヨーロッパのために、あまりお金を出そうとしていないようです。

ヒラリー守護霊　うーん。まあ、オバマさんは、基本的に、あまり経済に詳《くわ》しくないね。

石川　そういう意味では、日本が、経済的に強くなり、世界経済を支えられるようになることは、アメリカにとっても非常に助かるわけですね。

ヒラリー守護霊　まあ、私も言えた義理ではないけれども、弁護士っていうのは、基本的に、経済のことは分からないね（会場笑）。

オバマさんも弁護士だけど、これ、駄目《だめ》ね。シカゴの貧民窟《ひんみんくつ》の弁護士では、ばら撒《ま》いちゃうだけになるので、ちょっと無理ですね。

武田　そうですね。元の職業が政治姿勢として出てきてしまいますね。

ヒラリー守護霊　私は貧民窟の担当ではないけれども、やはり弁護士ですから、どうしても経済に弱くなる気《け》はあるなあ。

石川　アメリカでは、いまだに失業率が非常に高い状態にあります。

ヒラリー守護霊　うーん。それで、ロムニーの人気があるわけね。「(ロムニーが大統領になると) モルモン教が国教になるかもしれない」というおそれも出てきているわけだけど、それより、「やっぱり、お金のほうが大事だ」という意見もあるぐらいだからねえ。

あと、アメリカでは、企業《きぎょう》にとって安い労働力になるなら、イスラム教徒だって入れてしまうところがあって、今、どんどん増えていますからね。アメリカには、そういう意味での自由主義があって、企業は自由に判断していくからねえ。

まあ、「モルモン教徒の大統領」が出てきたら、どうなるんでしょうねえ（ため息をつく）。たぶん、ヨーロッパとの仲が悪くなるのではないですかね。

武田　そうですね。外遊先におけるロムニー氏の発言を聞いているかぎり、けっこう失言をしているようなので、外交は少し弱いのではないでしょうか。

ヒラリー守護霊　そうだね。もともと、（モルモン教の本部がある）ソルトレイクシティの市長でもしていたらいい人だからね。力量的には、「東京オリンピックの開催《かいさい》」ぐらいの仕事が、ちょうど合っています。

あとは、個人的に、お金を儲《もう》けるのがちょっとうまいぐらいだけど、それを国家レベルでやれるかどうかね。さらに、「はたして、この人の正義の観念は正しいかどうか」っていう問題はあるわね。

だから、大統領に就任しても、すぐに、「金銭スキャンダル」などの問題が、いろんなかたちで噴《ふ》き出してくるかもしれない。

武田　そうですね。

ヒラリー守護霊　叩《たた》けば埃《ほこり》が出るタイプの人ではないかなあ。そんな感じがする。その面では、まだ、オバマさんのほうがクリーンな感じが強いとは思うけどね。

武田　そうですね。

「ヒラリー副大統領待望の声」をどう思うか

武田　一方で、最近、「クリントン国務長官が副大統領になったほうがよいのではないか」というような声が出ているとのことですが、そのあたりはいかがでしょうか。

ヒラリー守護霊　「副大統領に」と言えば、その次には、「大統領に」という声も出てくるから、ちょっと揺《ゆ》さぶる気があるのかもしれませんけれども。

武田　今、あなたに、そういうお気持ちはあるのでしょうか。

ヒラリー守護霊　私も、ビルを支えていた時期が、ちょっと長かったのでねえ。やっぱり女性としての不利さはあるわねえ。うーん、前回の大統領選で勝っていれば、まだ間に合ったんだけど、ちょっと遅《おそ》くなったね。ファーストレディーを八年やったし、その後、上院議員をやったりして、年齢《ねんれい》的にも、もうかなり来てしまいましたからねえ。

女性として、もうちょっと輝《かがや》いている時代にさせていただいたほうがよかったわね。

もし、アウンサンスーチーが大統領を狙《ねら》うんだったら……、あ、ビルマ（ミャンマー）の国家元首は首相だったかな？

武田　大統領でしょうか。

ヒラリー守護霊　まあ、アウンサンスーチーが「国のトップを狙う」と言うなら、私にだってまだ資格があると思いますけども、できれば、かつての、もうちょっと若く美しかった時代に世界デビューしたかったな。

本当は、一期四年で夫婦が交替《こうたい》して大統領をしてもよかったぐらいなんですけど、夫に譲《ゆず》ったといいますかね。今からだと、ちょっと遅くなっているのが心配なんですが。

次期大統領選に表れているアメリカの人材枯渇《こかつ》

武田　なるほど。では、今、ヒラリー・クリントンさんは、二〇一二年末に行われるアメリカ大統領選を、どのように見通されているのですか。

ヒラリー守護霊　うーん。今は、あちら（ロムニー）が、外交で得点を上げようとして、失点を出しているようなので、まだ分からないですね。

一般論《いっぱん》としては現職有利なのですが、現時点では、失業率の改善が進んでいないので、ロムニーの手腕《しゅわん》に期待する国民の気持ちが強くなると、危険度が高くなってくる感じはしますね。

私も含《ふく》めて、民主党が「国民皆保険制《こくみんかいほけん》」みたいな考え方を持っていたのは事実ですが、そこには「所得の再分配」という考えが入っているので、アメリカ全体が豊かでなければできないことなのです。

経済がリセッション（景気後退）して、恐慌《きょうこう》寸前まで行《い》ったりしたら、その考え方はちょっと厳しいわね。それには無理がある。実際、失業者がいっぱいこれから出てきそうなときに、「みんなに生活を保障する」みたいなことは、そんな簡単にできることではないわねえ。

共和党のほうには弱者に冷たい面があって、「自分のことは自分でやりなさい。国家は、国家にしかできないことに重点を移します」と言っています。

あんなに軍事的攻勢《こうせい》をかける政党だから、普通《ふつう》に考えれば増税をしそうなんだけど、基本的には「小さな政府」を目指しているし、資本家を大きくしようとする傾向《けいこう》を持っているのでね。

さあ、「イスラム教に縁《えん》があったかもしれないバラク・フセイン・オバマ」対「ユタ州のソルトレイク市長が似合うモルモン教徒の大統領候補」(笑)。まあ、両方、マイノリティー(少数派)ですよ、アメリカで言えばね。

武田　そうですね。

ヒラリー守護霊　「ハーバードという一流大学をくぐった」という共通項《こう》で、大統領資格を得ているだけで、それ以外のところを見れば、明らかにマイノリティーですよね。調べれば調べるほどマイノリティーです。

そういう意味で、アメリカにも、ちょっと人材が枯渇《こかつ》してきた面はありますねえ。

お金をかけずに「大統領になれる可能性」に期待？

ヒラリー守護霊　「私が大統領候補としてできるか」という問題もあることはあるんですけれど、「この前の選挙（二〇〇八年大統領選）で、だいぶお金を使いすぎて、ちょっと苦しい」ということもあるのですが……（会場笑）。

武田　〝台所事情〟の問題もあるのですね。

ヒラリー守護霊　ええ。二回の出馬は、ちょっときつい。

ただ、「オバマ氏が大統領を八年間やらないこともありえる」という意味では、次に副大統領になっていれば、場合によっては、私も大統領になる可能性が出てこないわけでもない。任期途中《とちゅう》に、オバマが「何らかの事情」でいなくなることだって、ないわけではないのです。まあ、アメリカには、オバマを射殺したい人がたくさんいますので……。

武田　そうですね。

ヒラリー守護霊　散歩しているときでも、いつ何時、やられるかは分かりません。副大統領が大統領になるチャンスとして、そういうことはよくあります。

そういう意味で、残された時間は短いですけど、今後、もし、バイデン（副大統領）とかがヘマをして、「副大統領を私に」と共和党が本当に言ってきてくれたりしたら、まあ、変なことだけど、チャンスがないわけではない。そういう場合には、お金が要《い》らずに大統領になれるので（笑）、そんな期待が、若《じゃっ》干《かん》、ないわけではありません。

武田　そうですか。もしかしたら、「それは、次の大統領選までに、ヒラリーさんが、どのような立場で、どのような外交的活躍《かつやく》をするかにかかっている」という気がするのです。

ヒラリー守護霊　アメリカ人の目には、そうとう外交的な活躍をしているように見えていると思う。

武田　ええ。現在のアメリカの外交は、ほとんど、ヒラリーさん主導ですよね。オバマさんは……。

ヒラリー守護霊　だって、オバマさんはシカゴしか知らない。

武田　（笑）そうですよね。

ヒラリー守護霊　私には、「ファーストレディーとして、八年間、ビルについて世界各国を一緒《いっしょ》に回り、事実上、大統領補佐官《ほさかん》のかたちで、外交の現場をよく見てきた」という下地があるけど、彼はシカゴしか知らないからね。

そういう意味では、外交手腕においては、私のほうが上だと思う。少なくとも、私は、中国にとって次の敵になる国を育てようとしていますので、その意味では、多少の戦略性を持っていると思いますね。

11　クリントン元大統領やオバマ大統領への人物評

ヒラリー女史の過去世《かこぜ》を訊《き》いてみる

石川　ところで、ヒラリーさんのパストライフ（過去世《かこぜ》）はお分かりになりますか。リインカネーション（転生輪廻《てんしょうりんね》）は……。

ヒラリー守護霊　うーん。キリスト教では、そういうことはあんまり言わないので……。

石川　「中世、イタリアのほうにお生まれになった」というお話もあるのですが、そういうご記憶《きおく》はあるでしょうか（注。ヒラリー・クリントンは、以前の霊査《れいさ》では、ルネサンス期の女傑《じょけつ》として知られる女性領主、カテリーナ・スフォルツァ〔一四六三～一五〇九〕として生まれたことが判明している）。

ヒラリー守護霊　まあ、あるかもしれないけども、アメリカでは、あまりそういう考えは流行《はや》らないので、うーん、どうなんですかねえ。

もし、「日本人向け」ということであるのでしたら、日本人が好む名前を使ってくだされば結構です（会場笑）。誰《だれ》だったらご存じで、お好きかを言ってくれれば、そのへんで適当にしてくださっても結構ですけども。

実際にそんなこともあるのかもしれませんが、宗教的には、あまりそういうことを言わない国柄《くにがら》ですのでね。まあ、昔の時代には、女性が偉《えら》かったことは少ないですしね。

政界進出は「夫の女性スキャンダル」のおかげ?

石川　非常に外交が下手《へた》なオバマさんを、ヒラリーさんの手腕《しゅわん》でかなり修正されているところなどを見ると、過去世でも、やはり、いろいろな国家の指導者のようなかたちでご活躍《かつやく》されてきたのではないでしょうか。

ヒラリー守護霊　今は、〝大統領が二人いる状態〟です。民主党は大統領を二枚持っているような状況《じょうきょう》なんですね。その意味で、何とかもっているんだとは思いますけどねえ。

ただ、やっぱり、「オバマさんには、ある意味でのカリスマ性があった」と思うから、その出現が、米国史に刻まれる人であろうとは思う。オバマさんは、「初の黒人大統領」として名前が遺《のこ》ります。

また、私が大統領になったとしても、「初の女性大統領」として名前が遺るでしょう。まあ、夫が大統領を二期やってしまったので、「クリントン家から夫婦で大統領が出る」っていうことが、ちょっとね。夫婦でなければねえ……。

石川　ビル・クリントン大統領は、経済にかなり強かったようですね。
まあ、ゴア副大統領さんが強かったのかもしれませんけれども。

ヒラリー守護霊　いや、ゴアはそんなに強くなかったけれども、夫は金儲《もう》けがうまかったの。だから、スキャンダルが噴出《ふんしゅつ》して弾劾《だんがい》されそうになったこと（一九九八年）もあったけど、あの時期に、国内景気はすごくよくなり、株価もすごく上がったのでね。アメリカ人は、そういう人に対しては非常に寛容《かんよう》なんです。そのへんは、日本とはちょっと違《ちが》うんですね。

日本では、「株価を上げる首相は、よい首相だ」っていう考えは、特にないんじゃないですか。

石川　クリントン大統領は、「女性スキャンダルがなかったら、歴史に名を刻むような、偉大《いだい》な大統領になったかもしれない」とも言われています。

ヒラリー守護霊　うーん。でも、そのスキャンダルのおかげで、私も政界に出られたからね。みんな、当然だと思ったから。「夫への報復のためにも、政界に出なければいけないだろう。だから、妻として、我慢《がまん》してあげた〝我慢賃〟として、上院議員になって、大統領を目指す気持ちは分かる」と、アメリカ人もみな同情してくれたからね。ある意味、スキャンダルのおかげで、私はそういう立場に立てた。

石川　今、ヒラリーさんの自伝である『リビング・ヒストリー』も非常に売れています。

ヒラリー守護霊　ええ、ええ。彼自身が完成した大統領で終わっていたら、私も、もう少しおとなしく、社会保障か福祉《ふくし》か何かのところで仕事をしながら、余生を送らなければいけなかったでしょうね。

でも、政界に出られたのは、みんなの「悔《くや》しいでしょう?」という思いがあったからです。「そうなのよ。悔しいから、夫を見返してやりたいのよ」みたいな気持ちを、みんなが理解してくれたので、そういう力が働いたのは事実ですね。

今の〝国務長官補佐《ほさ》〟は夫・ビル

石川　経済に強いご主人からは、経済政策上のアドバイスなどを受けているのでしょうか。

ヒラリー守護霊　いやあ、今の〝国務長官補佐《ほさ》〟は、ビルよ（会場笑）。うん。彼が国務長官の補佐をしてくれています。いろいろあったとは言っても、やっぱり、「元大統領の夫からアドバイスを受けている」っていうことの信頼《しんらい》はあるね。

武田　それは強みですね。

ヒラリー守護霊　うん、強みですよねえ。やっぱり、「大統領が判断するような判断をできるのではないか」というふうに思われてることは強みだよね。

ビルの時代の経済には、まあまあ運がよかった面もあるけどね。彼個人であれば、まあ、養殖《ようしょく》池でナマズでも養殖して（会場笑）、天ぷらを揚《あ》げて売るぐらいのことしか考えつかないかもしれないけど、なぜか経済の神様がついているのかな。そんな感じがするのね。

だけど、独力で上がってきた人だからね。セルフ・ヘルプの人で、努力の人だし、とても器用で、教養もあって、何でも知ってる人ですよ。個人で苦労してのし上がってきたから、思いのほか、いろんなことができる人なんです。

オバマさんには、確かに、かっこいいところ、カリスマ的なところが、少なくともデビューのころにはあった。ビルはあれほどかっこよくはなかったかもしれない。

ただ、やっぱり、「オバマさんは口だけ」っていう感じが強くなってきた。

オバマ支持層の黒人はまだ離《はな》れていないけれども、失業率がなかなか改善されないので、白人の青年たちはちょっと離れてきつつあるね。
それで、彼が提唱してるような「新産業への移行」が、現実的には、そう簡単に「失業の解消」に貢献《こうけん》しないことは、目に見えていますね。

日本の優《すぐ》れた原発技術を自己否定しているところが心配

石川　今、日本でも、「反原発」「新エネルギー政策」などということが言われていますが、オバマさんの提唱した「クリーンエネルギー産業の育成」もうまくいかなかったのを見ると、やはり、その道はなかなか甘《あま》くないようです。

ヒラリー守護霊　駄目《だめ》でしょうね。基本的に、難しいと思いますね。

ただ、日本は火山国、地震《じしん》国であるので、アメリカと事情が一緒《いっしょ》かどうかは、私たちにも分かりません。「あちこちに断層がある」という話ですが、それがどれほど危険なのか、また、国民がどういう意識を持っているのか、そのへんは、ちょっとよく分からないんですけどね。

ただ、（日本人の原発アレルギーに対して）気持ちも分かるけど、資源のない国としては、やはり、「エネルギーの自己生産システム」を持ってないと、弱いのではないでしょうかね。

本当は、高速増殖炉《ぞうしょくろ》「もんじゅ」みたいなものが、世界最高の「夢のエネルギー」だったのではないでしょうか（二〇一〇年、炉内中継《ちゅうけい》装置の落下事故により稼動《かどう》停止）。そういう、自分たちの優《すぐ》れたものを否定していくところが、ちょっと心配ですね。

日本は、今の原発の状況のままであれば、プルトニウムから（長崎《ながさき》型）原爆《げんばく》を五千個ぐらいはつくれる力を持っています。これは、国防上、十分、中国に対抗《たいこう》できる力が存在することを意味しています。

だから、反原発デモのなかに、中国の息がかかっている人はそうとういると思われますねえ。

12 「日本の核《かく》武装」と「天皇」について

日米同盟堅持《けんじ》なら「日本の核武装」に賛成

石川　「日本の核《かく》武装」の可能性については、どのように思われますか。

ヒラリー守護霊　うーん。私は、「日本が日米同盟を破棄《はき》しない」という前提なら賛成です。ええ。そうしたほうがよいと思う。

武田　「核武装したほうがいい」ということですね。

ヒラリー守護霊　したほうがいいと思う。そうしないと、もう守れない。もう守れないと思う。まもなく、その時期は迫《せま》ってるね。

北朝鮮《きたちょうせん》では、少なくとも、次の核実験が成功すれば、核は実用化します。北朝鮮に脅《おど》されて、「アサドに脅されているシリアの民衆」みたいになっている日本を、私は見たくないですね。

武田　「今のアメリカの軍事力では守り切れない」ということでしょうか。

ヒラリー守護霊　いやあ、そんなことはないけども……。

武田　あるいは、「日本から、さらに撤退《てったい》する可能性がある」と?

ヒラリー守護霊　うーん。日本人が自分たちを守ろうとしないのに、「核兵器を使ってでも、アメリカが日本を守る」というのは、やっぱり非現実的なんじゃないでしょうかねえ。

日本が、自ら国を守ろうとしていないのに、他国（であるアメリカ）が、「よその国に多大な被害《ひがい》を与《あた》えたとしても、核兵器を使って日本を守る」というのは、私には、かなり非現実的に見えますが、どうなんでしょうか。

武田　そうですね。日本は、もちろん、アメリカの属国ではありませんし、独立国ですから、自ら国を守る必要があります。

ヒラリー守護霊　本当は、「核を持つこと」が、国連常任理事国入りの基本的な条件ですよ。このままでは、下手《へた》をしたら、インドやパキスタンが常任理事国に入ってしまいますよ。

天皇陛下の政治的発言を封《ふう》じる意図が理解できない

武田　日本国民には、そのあたりのことを理解するのが、なかなか難しいところはあります。原子力に対するアレルギーがあるのです。

ヒラリー守護霊　日本の感情論っていうのは、私にはちょっと分かりません。これ、どうなっているんでしょう?

「天皇陛下」って、いったい何のために存在してるの? 天皇陛下は、ときどき、何か〝お言葉〟ぐらい言ったらいいのではないのですか。天皇誕生日だとかのときに。

石川　エリザベス女王も、この前のロンドンオリンピックの開会式で、パフォーマンスをされましたね。

ヒラリー守護霊　ええ、ええ。言うべきなのではないですかね。何かそういう象徴的《しょうちょう》なときに、お考えを述べられたらいかがでしょうかね。

東日本大震災《だいしんさい》（被災地や避難所《ひなんじょ》）へのお見舞《みま》いなど、一生懸命《いっしょうけんめい》になされていることは分かります。ただ、「政治的発言を一切《いっさい》してはならない」みたいなことを、いったいどこで縛《しば》り上げてるのか、私どもにはよく分からないのです。少なくとも、「いったいあの人は何なのか」「いったい何のために存在しているのか」が、私には分からないんですよ。

だから、天皇というものが、いわゆる首相や大統領、あるいは、中国国家主席のようなものであれば、権力を持っていなければいけない。「権力はないが、上にいる」というのは、「社長の上に会長がいる」というようなものだろうけど、実際上、まったく権力がないのなら、「会長」というよりも、「相談役」になりますよね。

天皇陛下は、日本の何なんですかねえ。天皇陛下は、日本の元首なのか、それとも日本の相談役なのか、いったい何なんだろう？

だから、何と言うのか、〝アリの目〟で、動いているようなことはよく分かるし、お食事会をされているのも分かるんですけど、「政治的発言を一切してはいけない食事会」なんて、ほんと、時間の無駄《むだ》なことをいっぱいされているように見えるのです。

政治的発言で間違《まちが》ったことを言うような人であれば、「そこにいること自体が間違っている」と思います。「何も言わせないことによって、システムを維《い》持《じ》する」っていう日本的な構造は、極《きわ》めて理解しがたいですねえ。王制に近いものだろうとは思うのですが。

13　幸福実現党に期待すること

共和党だけでなくアメリカ全体に友好関係を広げてほしい

石川　ところで、私はアメリカにいたことがあるのですが、向こうの人も、「アメリカのリベラルと日本のリベラル、アメリカの民主党と日本の民主党はまったく違《ちが》う」ということは、かなり理解が難しいようでした。

ヒラリー守護霊　アメリカのリベラルは、軍事的にでも戦います。日本のリベラルは、反戦リベラルですよね。ここがはっきりと違うよね。

石川　そういう意味では、「日本の民主党よりも、幸福実現党や日本の保守勢力のほうが、アメリカの民主党とも親和性があるのではないか」と思いますので、ぜひアドバイス等を頂ければと思います。

ヒラリー守護霊　いやあ、情報は集めております。あなたがたが中国からマークされているのも知っております。

「『中国からマークされる』ということは、アメリカにとっては、将来的には〝金の卵〟かもしれない」という気持ちを持っております。

だから、「共和党のアジア地区代表」みたいに、そう小さくおっしゃらずに、アメリカ全体との友好関係を持っていただきたいなあと思いますけどね（注。

現在、幸福実現党の饗庭《あえば》直道《じきどう》広報本部長が、全米共和党顧問《こもん》（アジア担当）に就任している）。

基本的に、「あなたがたの言っていることは筋が通っている」と思っています。

「マスコミを押さえ、政財界を批判できる宗教」の出現に注目

ヒラリー守護霊　あなたがたの情報はそうとう入っています。情報は、的確に入ってきております。

ただ、アメリカ人には、日本のサブカルチャーのところが難しくて、表に出ないところで動いているものが、あまり分からないのです。

宗教も一つのサブカルチャーだと思うんです。本当は、目に見えないところで、宗教がつくっている「民意」とか「流れ」とか「方向」とかいうものがありますのでね。

何と言うか、「大川隆法さんが、そうとう大きな、サブカルチャーのリーダーだ」っていうことは分かっています。

まあ、マスコミと多少のトラブルが起きていることも、情報としては受けておりますけれども、ＣＩＡ（アメリカ中央情報局）系の分析《ぶんせき》では、「実情としては、マスコミを押《お》さえ込《こ》んでいる」ということだそうです。

武田　ああ。そこまで分析をされているのですね。

ヒラリー守護霊　「日本には、『マスコミが勝てない宗教』が存在して、その宗教は、非常に政治的メッセージを持っている。政治・経済についてメッセージを持っていて、首相や財務省、外務省、あるいは日銀に対しても批判できる宗教が、今、出てきている」ということに対しては、一定の注目をしております。

政党運動もされているんでしょうけども、もし、あなたがたに、本当の意味での政治権力が備わってくるのでしたら、それは頼《たの》もしいですね。

武田　はい。分かりました。

本日は、私たちに、多岐《たき》にわたってアドバイスを頂きまして、本当にありがとうございました。

ヒラリー守護霊　はい、ありがとうございました。どうも。

大川隆法　はい。では、以上としましょうか。

あとがき

アメリカ初の女性大統領にしてみたかった人の一人である。言っていることは論理的で、結論ははっきりしている。日本のように「遺憾《いかん》である」外交はしない。

この文を書いている時にも、韓国大統領の竹島上陸に関する野田首相の親書が、送り返されたという報道がなされている。はっきりとした結論のある外交をしなければ、日本という国家は完全にナメられている。

韓国の李明博《イミョンバク》大統領に、「大阪生まれのアンタに言われたくないよ」ぐらいは言ってほしいものだ。「日本生まれでハクがついて大統領になれたんじゃないの？」と。

ヒラリーの結論をよく読み解きながら、日本外交の取るべき道を知ってほしいと思う。

二〇一二年　八月二十三日

幸福《こうふく》の科学《かがく》グループ創始者兼総裁《そうししゃけんそうさい》　大川隆法《おおかわりゅうほう》

ヒラリー・クリントンの政治外交《せいじがいこう》リーディング
――同盟国から見た日本外交の問題点――

2012年 9 月 7 日　初版第 1 刷

著　者　大《おお》　川《かわ》　隆《りゅう》　法《ほう》

発　行　幸福実現党
〒107-0052 東京都港区赤坂 2 丁目10番 8 号
TEL(03)6441-0754

発　売　幸福の科学出版株式会社
〒107-0052 東京都港区赤坂 2 丁目10番14号
TEL(03)5573-7700
http://www.irhpress.co.jp/

印刷・製本　株式会社 堀内印刷所

落丁・乱丁本はおとりかえいたします

ISBN978-4-86395-235-5 C0030
Photo: 代表撮影 /AP/ アフロ事